Aperture

JACEK DEHNEL

translated from the Polish by
Karen Kovacik

ZEPHYR PRESS
Brookline, Mass.

Book and cover design by *type*slowly

Printed in Michigan by Cushing-Malloy Inc.

Zephyr Press acknowledges with gratitude the financial support
of the National Endowment for the Arts and the Massachusetts Cultural Council.

Zephyr Press, a non-profit arts and education 501(c)(3) organization,
publishes literary titles that foster a deeper understanding of cultures
and languages. Zephyr Press books are distributed to the trade in the U.S.
and Canada by Consortium Book Sales and Distribution [www.cbsd.com].

98765432 first edition in 2018

ZEPHYR PRESS
50 Kenwood Street
Brookline, MA 02446
www.zephyrpress.org

Table of Contents

2 *Wizjer* / APERTURE

4 *Symetria* / SYMMETRY

Translator's Foreword

Since the fall of communism in 1989, many younger Polish poets have embraced a poetics of fragmentation, indeterminacy, and disjunction, rejecting the classicism of Zbigniew Herbert and the humanism of Czesław Miłosz. Not so, Jacek Dehnel (b. 1980), even if formally his work might seem to have little in common with theirs. Herbert wrote largely in free verse and rarely punctuated his poems, and Miłosz all but abandoned rhyme after the war, while Dehnel often employs the classic thirteen-syllable line and intricate rhyming stanzas.

But Dehnel, like Herbert, has a fondness for the surviving artifact. And like Miłosz, he is both naturalist and historian, alert to the perspectives of a fish or a pheasant, but also bent on recording how his adopted city of Warsaw keeps changing. Several poems in this collection allude to Miłosz's work obliquely, but one, "A Poor Christian Looks at the Peggy Sage Salon," is obviously in response to "A Poor Christian Looks at the Ghetto," Miłosz's well-known poem about the burning of the Warsaw district after the Jewish uprising in 1943. Dehnel's poem chronicles a decidedly more minor apocalypse: the advent of globalization after the fall of communism. Describing a glitzy salon on Świętokrzyska [Holy Cross] Street, a thoroughfare in central Warsaw, known for its massive, Soviet-style architecture, Dehnel's poem dwells on the architectural eclecticism, where massive socialist-realist buildings abut foreign banks and fast food franchises. To Poles who grew up under communism when western goods were hard to come by and travel outside Poland was often impossible, the incursion of global capital meant a life-altering change. The elevated diction of Dehnel's poem lampoons the language of advertising—the near supernatural claims for some lotions, creams, and shampoos. It's the closest he comes to actual camp.

Dehnel excels at blending traditional forms with contemporary subject matter: scientific developments; the proliferation of Internet culture; postmodern design; and his life with his longtime partner, Piotr Tarczyński, to whom a number of poems in the final section of this collection are dedicated. The effects of line length and true, slant, or off rhyme vary from poem to poem. In the terza rima "June. July," based on a drawing by novelist Bruno Schulz, the poem's form suggests the claustrophobia of a summer heat wave and the writer's prophetic dreams just before the outbreak of World War II. Meanwhile, the rhyming quatrains in "Pheasant" contrast human and animal worlds in ironic ways and also suggest the persistent traces of the past even in a commercialized cityscape. In this regard, Dehnel resembles Elizabeth Bishop, and when discussing the translations, he and I often found ourselves quoting lines from her poems about animals. Next, in a poem like "Cherries," broken into two near symmetrical halves with irregular rhymes throughout, Dehnel evokes one of his main themes: the imperfect consolation of form. Even as it casts memory into cadence, it's incapable of bringing back what's lost. But in "Posterity" Dehnel offers a lighter version of the same theme, as he imagines the erratic transmission of historical knowledge to future generations via some later version of the Internet.

Translating other writers has had a significant influence on Dehnel's range and repertoire: from Mandelstam to Auden and Larkin and, more recently, to Carl Sandburg and *The Great Gatsby*. Resemblances in tone and form to Auden and Larkin will likely be apparent, but his embrace of Sandburg might be more surprising. Having translated over one hundred of Sandburg's poems, Dehnel credits that process with a loosening of his own style. In "Ungratefulness" and "If unhappy love ends . . . ," we can hear the influence of the Galesburg poet in the headlong rush of participles. Speaking about his recent book of poems, *Języki obce* [*Foreign Languages*], Dehnel noted the "variety of dictions" and styles found within: "I think my restlessness, my omnivorousness . . . is one of my strongest, most fundamental traits—that insatiability for places, books, paintings, people. . . . This is what excites me— this exploration, pushing boundaries, testing limits. And I'm drawn enormously to other poets—such as Miłosz for one—who take full advantage of the richness that literature has to offer. It's possible, of course, to slap together couplets or to break lines every which way one's whole life, but such repetition is not for me."

This collection brings together thirty-four of Dehnel's shorter lyrics from four of his books. He has the habit of dating each poem and noting the place of composition. As readers will see, Dehnel likes writing on trains where, he says, "even the rhythm of the rails can serve as inspiration." Instead of assembling the work in chronological order, I have juxtaposed poems written more than a decade apart, finding that they teased out kindred themes even when stylistically dissimilar. The rhyming poems were all composed in the traditional thirteen-syllable line, which I modified slightly in translation, converting it either to a relaxed iambic pentameter or to a syllabic line of 11 or 12 syllables. It was important to me to demonstrate Dehnel's stylistic range: formal verse, prose poems, and freer, open-form lyrics. What this collection does not include are his longer poetic sequences—a crown of Spenserian sonnets, a secular liturgy of the hours, a multi-poem paean to Venice— which, while an important part of his oeuvre, did not fit neatly into this volume's four-part structure.

To the monolingual English reader, Dehnel's work might at first glance seem intimidating with its titles, place names, and epigraphs in multiple languages. His embrace of the cadences and textures of German, French, Italian, and English is, on one hand, a gesture of invitation to readers from other languages, and on the other, a refusal of a narrowly nationalistic version of Polish identity. Just as it's possible to be moved by T.S. Eliot without tracking down every allusion, so, too, one can vicariously travel the Polish rails with Jacek, pay respects at a Jewish cemetery in Krakow, enjoy Dehnel's versions of Van Gogh and the biblical Lazarus, and admire his efforts to convey the intimate rhythms of a long-term relationship. In addition to his nine books of poetry, Dehnel has also written numerous works of prose, including the novels *Saturn*, about the painter Francisco Goya's fraught relationship with his son, and *Lala*, based on Dehnel's grandmother's eventful life, both translated into English by Antonia Lloyd-Jones.

In an interview with the poet and critic Maciej Woźniak, Dehnel acknowledged, "The October Revolution would have happened without Mayakovsky . . . and communism would have collapsed without Miłosz and Herbert. But I do believe that poems are accessories not only to political events, but to all being . . . They give voice, finding appropriate language for things that lack both words and voice." That these poems speak from many perspectives, at different historical moments, in multiple languages, attests to their welcoming power.

Karen Kovacik

1

Brzytwa okamgnienia
A RAZOR-SHARP GLANCE

Brzytwa okamgnienia

Spójrz, właśnie tędy przeszła brzytwa okamgnienia,
plamki zakrzepłej sepii świadczą o jej przejściu,
z prawej zalane łąki i dachy obejścia
ponad nadmiarem siwej, nieprzejrzystej wody,
z lewej oni: tobołek, kufajka, patelnia,
warstwy rozwilgłych spódnic i rozmyte brody

[2]   pod kreskami kaszkietów. Łodzie ratunkowe
dojdą albo nie dojdą z Brześcia lub Kamienia.
Stan wody bez zmian. Zastój. Brzytwa okamgnienia
odcina to, co zbędne: całą resztę świata
za rozlewiskiem, jakieś sztaby kryzysowe
w surdutach, z wąsem, z lśnieniem słuchawek na blatach

szerokich, mahoniowych biurek. To, co płaskie
zostało na płaszczyźnie, na lśniącej powierzchni
cięcia: trafiają do nas te, nie inne, kreski
deszczu, bez chwili przed i chwili po, i wielka
woda i strach (na wróble) i ukryte paski
na których wisi w pustce mała, czarna Leica.

Warszawa, 7–13 IV 2005

A Razor-Sharp Glance

Look, here's the spot where a razor-sharp glance
sliced off a swath of clotted sepia as proof:
to the right, waterlogged fields and barn roofs
emerging from the murky, gray expanse;
to the left, a knapsack and frying pan,
damp pleats, somebody's fleece, a blur of chins

beneath workers' brimmed caps. Rescue boats   [3]
might arrive—who knows when—from Kamień or Brest.
The water's still high. Grows stagnant. This one
sharp glance trims away the rest: the excess
world beyond the flood, crisis team in frock-coats
and mustaches, their gleaming telephones

on broad mahogany desks. Whatever's flat
remains so on the blade's bright surface:
these streaks of rain, not others, reach us
without the ones before or since—the rising
water and drowned scarecrow and hidden strap
on which a small, black Leica is dangling.

Warsaw, 7–13 April 2004

Miłe złego porządki

Znowu jesień i podróż, i znowu za oknem
wszystkie ich ziemskie sprawy – pobocza i łąki;
porośnięte, zmieszane, podsiąknięte wodą,
aż po zwalone drzewa, uchodzące z lasu.

I w tej mierzwie czyjś mały porządek: tarcice
ułożone równiutko pod siwym brezentem,
szpaler bielonych wiśni, gracowana ścieżka.

Czerstwa twarz pod kaszkietem jak późna truskawka:
on już wie, że przeciwko całej niezborności
i mocnym młynom świata staje, mając w rękach
tylko grabie i szpadel. I skrobie po wierzchu,
głębokiego nie rusza. A głębokie czeka.

Warszawa 2008 – 26 X 2009

Small Efforts at Order

Autumn again, I'm traveling, and out the window
the blessings keep flowing—roadside and meadows
overgrown, bedraggled, soggy with standing water
as far as the trees that have fallen from the woods.

And in the midst of this muck, someone's small efforts
at order: planks stacked neat beneath a taut gray tarp,
the whitewashed trunks of cherry trees, a well-turned path.   [5]

His face a ruddy berry beneath his cap's brim,
he knows that he alone stands against this tumult,
the churning wheels of the world, just a rake and spade
at hand. And so he scrapes at the soil's surface—
deeper the blade won't budge. And deeper still awaits.

Warsaw, 2008 – 26 October 2009

Macewy

Tu się wypełnia kamień i litera;
ślimak wykłada kute ornamenty
srebrzystą nicią. A cienie jabłoni
miękko się kładą na strzaskanych płytach.

Tu się wypełnia trawa i epoka.
Ręce kapłana. Jeleń. Płomień świecy,
zwój i lew Judy, i żagle okrętu.
Pod darnią siedzą uczeni cadycy,
drobne litery żwiru i kamyków
czytając cicho z wiecznej księgi ziemi.
W ich suchych czaszkach stukają bez końca
imiona przeszłych ludzi, dni i rzeczy.

A potem milkną szepty czytających
i nad równiną w krągłej chwili ciszy
odkuty z chmury głos trąby rozbrzmiewa.

To lew przewraca zapaloną świecę,
ogień dosięga gładkich słojów Tory.

Pociąg, Gdańsk-Warszawa, 20 V 2001

Matzevot

Jewish Cemetery, Kraków

Here letter and stone find fulfillment:
a snail inlays ornamental tracing
with silver thread. And the apple tree's
soft shadow falls over shattered slabs.

Here grass and epoch find fulfillment.
The hands of a rabbi. A deer. Menorah.
scroll and lion of Judah, and sails of a ship.
Beneath the sod the tsaddik's pupils sit,
reading delicate letters of gravel and pebble
from the eternal book of the earth.
Names of bygone people, prior days and things
echo softly in their arid skulls.

Later the whispers of those reading will go silent,
and in that moment the voice of a trumpet,
forged from a cloud, will resound over the plain.

The lion topples the lit candelabra,
and fire touches the smooth grain of the Torah.

Train, Gdańsk to Warsaw, 20 May 2001

Czerwiec. Lipiec.

Rysunek piórkiem, arkusz papieru, ołówek.
Powóz lakierowany na czarno, w nim lalki,
u ich pantofli zgięty we czworo półgłówek

bije niskie pokłony. Upał. Zapach kalki
i ługowanych podłóg. Mucha, gdzieś zamknięta
między dwiema szybami, nie przerywa walki

ze stwardniałym w dwie tafle powietrzem. Tusz. Zmięta
kartka, druga. Duchota. Po dziedzińcu gonią
chłopcy w szkolnych mundurkach, w rowach pachnie mięta

i zgnilizna. Niedługo się zacznie: kolonie,
dzikość letnich ogrodów, sukienki dziewczynek,
odsłonięte kolana, kiwające dłonie.

Przysnął, na chwilę. Widzi miasto w czerni, rynek,
krew na chodnikach, ogień, pocisk w czaszce, ludzi.
Budzi się, lecz nie w strachu. „Zatem odpoczynek" –

myśli. Coś go ukoi, wreszcie go wystudzi.
Ale i ten sen znika. Jest ogień i wrzask,
pocisk już wyszedł z lufy. I znowu się budzi.

Dalej jest tusz i grafit. A pod nimi blask.

Warszawa, 3 VII 2008

June. July.

In memoriam Bruno Schulz

A pencil, sheet of paper, sketch in ink.
A carriage, lacquered black, arranged with dolls,
and at their slippered feet, a hunched buffoon sinks

into a bow. The heat wave's on. The school smells
of charcoal and varnished floors. A fly, somewhere
between two panes, refused to be still

[9]

in dense air trapped by glass. Ink. The first sheet tears,
now a second one. It's sweltering. Boys
in uniforms race round the schoolyard, an air

of mint and rot in the furrows. Soon summer holidays
will start: gardens grown wild, girls in light frocks,
their knees uncovered, smooth hands splayed.

He dozes off. And sees the square, the city black:
crowds, blood on crosswalks, shots, a bullet to the skull.
He wakes, but not from fear. "At last, a break,"

he thinks. A respite from the heat, the air feels cool.
Then that dream fades, as well. Smell of smoke, a scream,
the bullet leaves the gun. Again he comes to.

More ink and lead await. And deeper still, some gleam.

Warsaw, 3 July 2008

Saint-Malo

Kim byłaś, co jadałaś, z kim o trzeciej w nocy
kłóciłaś się, że wrócił od Violetty, z jakiej
części Francji czy świata przybyłaś na plażę
w Saint-Malo – tego nie wiem. Nie wiem, kto ci uszył
suknię z wielką tiurniurą, kto do chrztu cię trzymał
i przed iloma laty, czy zwiedziłaś zamek,
czy zbierałaś kamyki, muszle czy amantów,
jak często się modliłaś i w jakich kościołach?

[10]

Stoisz na skraju zdjęcia; za plecami mury
i kamienne bastiony, przed oczami – morze,
którego nie zobaczę. Mam cię pośród innych
plam sepii na papierze, ale morza – nie mam,
ani tego, co szumi za plecami kliszy,
ani tego, co w tobie – morza słów i rzeczy.

Warszawa, 26 V 2003

Saint-Malo

Who you were, where you dined, whom you quarreled with
at three when he returned from Violette—I have no clue.
I'm not sure from which part of France or the world
you arrived at the shore in Saint-Malo. Or who sewed you
that gown with the showy bustle, who offered you
for baptism long ago, if you toured the castle,
and if you collected pebbles, shells, or lovers,
how often you prayed and in which of the churches.   [11]

You're standing at the photo's edge: behind you,
stone walls and ramparts; facing you, the shore
I'll never see. I've got you among those smears
of sepia on paper, but the sea I don't have,
nor that roaring just beyond the frame,
nor what's in you: a sea of words and things.

Warsaw, 26 May 2003

Biedny chrześcijanin patrzy na gabinet Peggy Sage

Z drugiej strony ulicy widać tylko kolor:
gęste, pomarańczowo-koralowe światło
w witrynach sięgających granitowych arkad
z zupełnie innych czasów. Druga. Świętokrzyska:

pusta, matowa rzeka skrzepłego bazaltu.

Z dwóch kroków czarny napis robi się liliowy:
MANICURE FRYZJER TAROT   Zza liter w cielistej
poświacie małych lampek jarzy się bezwstydnie
wnętrze w nocnym porządku: suszarki w kaburach,
tuby, spraye, lakiery, w których lśnią ekstrakty
z alg, jojoby, wanilii, zielonej herbaty,
soli, glinki i błota w przejrzystych strukturach
źródlanej wody – wszystko podwojone w lustrach
bez skazy. Piękni ludzie na pięknych fotosach
(słońce, wiatr i ocean) są tak naturalni,
że prawie ich nie widać.

                       Bank, kościół i kino
są blisko: naprzeciwko, i dalej, po prawej
i lewej, nieco w głębi. Ale tylko tutaj
ciepłe, różowe światło mówi nam tak czule:
Przyjdźcie, którzy cierpicie, będzie wam odjęte
zmęczenie, ból, brzydota, samotność i starość.
A wyżej, w drżącej glorii migających kropek
lśni zagadkowy neon poświęcony jakimś
smukłym, powabnym bóstwom: DAMSKI FRYZJER MĘSKI.

Warszawa, 10-12 I 2005

A Poor Christian Looks at the Peggy Sage Salon

From across the street all you can see is color:
an intense, orange-coral light in the windows
tinting the granite arcades of a bygone era.
It's two in the morning on Świętokrzyska:

a sheenless, deserted river of clotted basalt.

Closer in, the black lettering turns lavender:
MANICURE STYLIST TAROT Behind the signage
in the lamplight's fleshy glow, the interior boldly
reveals its night-time order: hairdryers on hooks,
tubes, sprays, and polishes with shimmery flecks
of seaweed, jojoba, vanilla, and green tea,
emulsions of salt, clay and mud prepared with pure
spring water—all doubled flawlessly in rows
of mirrors. Gorgeous people in gorgeous photos
(at the shore, posed in sun and wind) look so natural
you hardly see them.
                    A church, cinema, and bank
are nearby: opposite, a few doors down, set back,
to the right and the left. But only through this glass
does that warm, pink light beckon so lovingly:
Come, you who suffer, and all signs of fatigue,
pain, ugliness, age, and stress will pass from you.
Higher up, in a trembling nimbus of flashing dots,
shines some cryptic neon devoted to slim,
alluring gods: MEN'S STYLIST FOR WOMEN.

Warsaw, 10-12 January 2005

Albert Watson, *Golden Boy (New York, 1990)*

reklamy wystawy w Düsseldorfie

Całe miasto przegląda się w tym złotym chłopcu,
wszędzie on, sześcioletni, siedmioletni może,
na ogromnych plakatach, billboardach, w folderach:

jakie słowa się cisną na te małe usta,
jakie słowa się tłoczą pod tym kłębowiskiem
nadprzyrodzonych żmijek, koafiurą z węży?

Wszedł ze *Snu Nocy Letniej*; duch, powietrzne bóstwo
zamknięte w drobnym ciałku, zapylone kruszcem –
wypił Ren i zjadł Düsseldorf jak czekoladkę.

Nieco młodszy ode mnie. Ze trzy, cztery lata,
gdzieś pewnie dalej żyje, większy i zgrubiały;
i wie lepiej niż inni, że kiedyś mieszkała

w nim siła potężniejsza niż wszystko, co znamy.

Warszawa, 9 XI 2008

Albert Watson, *Golden Boy (New York, 1990)*

ad for an exhibition in Düsseldorf

The whole city sees itself in this golden boy,
he's everywhere, six years old, seven maybe,
staring from enormous billboards, posters, flyers:

what words lurk behind those tapered lips?
What thoughts swarm beneath that coil
of ethereal vipers, that coiffure of snakes?

He slipped from *A Midsummer Night's Dream*.
An airy god in this small body dusted with ore,
he drank the Rhine and ate Düsseldorf like chocolate.

A bit younger than me, three years, maybe four,
he's still alive somewhere, and taller, heavier now,
aware that a force once dwelled in him, more

potent than anything we've known.

Warsaw, 9 November 2008

[15]

Odkopanie posągu Antinousa w Delfach, 1894

Stąd wychodzi do licznych świątyń całej ziemi,
spełnia prośby tych, którzy go proszą,
i leczy choroby tych w potrzebie, zsyłając na nich sny.
(z obelisku Antinousa w Rzymie)

Chrzęszczący w zębach piasek. Odcisk od oskardu.
Rozmyte chmury chmurnych, poruszonych twarzy.
Leta płynie przez mięso, nie płynie przez marmur,
ja jestem nadal młody, wy – od dawna starzy.
Imię zachował przypis, a kształt ramion – ziemia.
Nie współczuję wam ani nie zazdroszczę. Spałem.
Zanurzyłem się w wodzie tym śmiertelnym ciałem,
wynurzyłem się z ziemi ciałem nieśmiertelnym.
Czy nie o tym marzycie, kopacze w kaszkietach,
niosąc krzyczące bety do chrzcielnicy w cerkwi?

Warszawa, 7 IV 2013

[16]

Unearthing a Statue of Antinous in Delphi, 1894

From here he hies to shrines the world over,
and grants petitions of those who ask,
sending remedies in dreams for those in need.
                    (from the obelisk of Antinous in Rome)

Grit of sand in my teeth. Rasp of the cutting tool.
Blurred cloud of your blurry, startled faces.
Lethe flows through flesh and not through marble:
I am still young—you've been old for ages.
A note preserved my name; the earth, my shoulders' form.
You I neither pity nor resent. I simply slept.
My mortal body plunged into the water's depths,
my ageless form emerged from earth, unharmed.
Do you not dream of this, you diggers in caps,
carrying crying babes to baptism in the domed apse?

Warsaw, 7 April 2013

2

Wizjer
APERTURE

Wizjer

Polana, staw, przerębel, koncentryczne kręgi:
wizjer przeszklony cienkim jak opłatek, świeżym
lodem. Tutaj się patrzy. Tutaj, na kolanach,
z okiem blisko tafelki, patrzy się i wierzy
w inne: obłe, oślizgłe, zmiennocieplne, denne.
I tamto patrzy sobie na niezrozumiałe:
krążek lecący z wizgiem niesłyszalnym, człowiek
ubarwiony zimowo, obok jego małe.
Tutaj się patrzy. Tutaj, obracając głową,
ogląda się gatunek: ta niepłynność w ruchach,
oczy dziwnie ściśnięte, sęki na ich płetwach.
Trzy koncentryczne kręgi: ciemność, lód, przerębel.

Pociąg, Warszawa–Lublin, 26 XI 2008

[20]

Aperture

Clearing, pond, ice-hole—concentric rings:
the hole glazed with wafer-thin, fresh ice.
Here, you observe. Here, on your knees,
eye to the icy pane, observe and believe
in others: ovoid, slippery, cold-blooded, bottom-fed.
And they, too, will see the unfathomable:
a circle darting silently, some creature
with winter coloring, looming with his young.
Here, you observe. Here, head tilted,
one species studies another: its moves not fluid,
eyes strangely squinted, gnarls on its fins.
Three concentric rings: dark glade, pond, a hole in the ice.

[21]

Train, Warsaw to Lublin, 26 November 2008

Muzeum anatomii: sarna

Ze dwa roczniki potwornego żłobka:
cyklop, głowonóg, kadłub i syrena;
guz i karbunkuł, nowotwór gruźlasty –
– w słojach, na półkach, cytrynowe w świetle,
przenikającym toń formalinową.

Czaszka szympansa, czaszka kota, czaszka
konia. Krtań, kręgi. Muszla. Mózg i układ
nerwowy szczura.
                    Co ty tutaj robisz,
spięta drutami, wysoko na szafie,
sztywna i czujna, oddalona,
                                    sarno?

Warszawa, 9 II 2004

Museum of Anatomy: Deer

Like two classes in some freakish pre-school:
a torso, cyclops, cephalopod, mermaid;
bumps and carbuncles, tubercular tumors—
on shelves, in jars, lemon-hued in the light,
steeped in a stew of formaldehyde.

A chimp's skull, cat's skull, skull
of a horse. A larynx, vertebrae. The brain
and nervous system of a rat.
                              So what brings you here,
propped up with wires, tall atop a cupboard,
stiff and alert, oddly remote,
                              Mr. Deer?

Warsaw, 9 February 2004

Rys. 370.

Garb wskutek gruźlicy kręgosłupa

Spokojnie, tak spokojnie, nieruchomo siedzi,
delikatny, skupiony, w lewym dolnym rogu
wielkiej szarej tablicy z „Chorobami kości",
obok „Gruźlicy uda z dwoma sekwestrami",
„Skrzywienia kręgosłupa po spróchnieniu kręgu"
i „Zgęszczeń słoniowatych".

Precyzja malarza
(a wcześniej fotografa) zachowała wszystkie,
najdrobniejsze szczegóły: tapicerskie ćwieczki,
plusz i połysk lakieru na toczonych nóżkach
taboretu, kształt ucha, krótko ścięte włosy,
a przede wszystkim kontur i wypukłość garbu,
doskonałość kalectwa, stadium zniekształcenia.

Garb i smutek podobny jest w Grazu, Berlinie
Drohobyczu, Kijowie i Wiedniu, więc nie wiem
gdzie tak siedział, zmarznięty, w atelier jakiego
miasta go rozebrano do tej fotografii,
każąc w niewielkim punkcie na framudze utkwić
wzrok.
Intensywność życia, prędki, rwący strumień,
który, marcowym nurtem wezbrany, porywa
z brzegów żwir, grudy ziemi, rosochate wierzby
i niesie je, skłębiony, do morza, do morza –
– popłynął inną drogą, całkiem inną drogą
i został mu odjęty. Widać to tak jasno

Fig. 370.
Hunchback due to tuberculosis of the spine

Peaceful, so peaceful, he sits completely still,
frail, collected, and to the left below
a large gray placard with "Diseases of the bones,"
beside "Two sequestrums, TB of the thigh,"
"Curvature of spine from atrophy of discs,"
and "Elephantine compression."
                              The painter's care   [25]
(and photographer's before) caught even
the smallest details: upholstery hobnails,
plush nap, varnished gloss on the stool's round legs,
fine whorl of his ear, the close-cropped hair,
and above all, swollen contour of his hump,
exquisite defect, deformity's degree.

Sadness and hunchbacks look alike in Graz, Berlin,
Vienna, Drohobycz, and Kiev, so I don't know
where he posed, frozen, in some city studio,
disrobed for the photograph, implored
to fix his sight on a minuscule point
in the niche.
                      Life's vigor, that roiling stream,
which, swollen with spring melt, wrests reedy clods,
loose gravel, forking willows from the banks
and carts them, snarled, to the sea, to the sea
—it winds down another path, a different one,
which cuts him off. You see it clearly

nie po straszliwym garbie i cienkości kolan,
lecz po lewej, zwieszonej swobodnie wzdłuż ciała
ręce, samotnej dłoni w prześwicie pomiędzy
nogami taboretu: kruchej bezradności,
malowanej pospiesznie, bo zupełnie zbędnej.
Z niej, rozwartej, wypada całe przyszłe życie
tego dwunastolatka: śmierć w przytułku, starość
na żebrach pod kościołem w Wiedniu czy w Berlinie,
długie lata bez kobiet, bez pieniędzy, z łóżkiem
wystarczająco wąskim, z nieustannym bólem
w rozmaitych odmianach, młodość po szpitalach
i przytłumione światło tego przedpołudnia,
gdy wstaje z taboretu i za parawanem
wkłada koszulę, spodnie i płaszczyk, dziękuje
panu fotografowi, panu lekarzowi
i kłania się uprzejmie i cicho wychodzi.

[26]

Warszawa, 28 VI 2004

not in the gruesome hump and fragile knees
but that solitary hand, suspended free before
him in the morning light, there between
the legs of the stool: helpless and wan,
painted in haste, since of no use.
From that limp palm, this teen's life unspools:
an almshouse death, an old age begging coins
at church fronts in Vienna or Berlin,
years without lovers or money, in beds
sufficiently narrow, with unremitting pain
in varied joints, his youth in hospitals,   [27]
and the stifled light of the studio at dawn
when he rises from the stool and behind the screen
dons trousers, shirt, and overcoat, then thanks
Herr Doktor, Herr Photographer before
bowing politely and heading to the door.

Warsaw, 28 June 2004

Bażant

W oddali znać strukturę: kopuła Blue City,
bloki, szyby, anteny. Lecz z tej strony kolej
wchodzi w miasto szerokim klinem, dzikim polem,
porosłym szczawiem, perzem i krzewami, wbitym

w Dworzec Zachodni. Węzły torów jak rozeta
industrialnej katedry. Dojeżdżamy – widać
betonowe perony, z których się dziewczyna
rzuciła pod kolejkę w jakiś grudzień. Trzeba

było, pamiętam, wlec się z walizkami, w płaszczach
przez wertepy, wrotycze. I nagle, w tym samym
miejscu, w pędzie, dostrzegam w rudej trawie szklany
paciorek, czarną tarczkę, dziób, plamkę rdzy. W chaszczach

siedzi bażant: spokojny jak na tej tablicy
z łańcuchem pokarmowym w książce od biologii
(zjadał stonkę, na niego za to się sposobił
lis). Moment. Patrzę, patrzę – poza nim nie widzę

niczego. A on patrzy na pociąg lub, dalej,
na świat – i nie zaprząta swojego ptasiego
móżdżku mną. I ma rację. Bo on będzie siedział
na nasypie czy w bruździe, w deszczu czy w upale,

Pheasant

From afar, one makes out shapes: the Blue City dome,
buildings, windows, antennas. But from this angle,
the inbound train powers through fields overgrown
with sorrel, couch grass, and shrub toward the tangle

of the Western Station. Tracks fan out like the rose
window of some industrial cathedral. In close
we see the concrete platform from which a girl leapt
to her death one December. That day, in thick coats,

we had to pull our luggage over frozen weeds
and rutted paths. Now, rushing over this same spot,
in the reddish brush I notice a glassy bead,
then black crest, beak, and splash of rust. In the thicket

sits a pheasant: placid as the one in the food chain
illustration from our biology textbooks
(he was feasting on a beetle, while a red fox
aimed to eat him). I watch and watch him alone.

And he's looking at the train or, in the distance,
the world as backdrop—and I'm not even a blip
on the radar of his bird brain. And that makes sense.
For he'll be sitting, rain or shine, in furrows, on heaps

[29]

przez wiek wieków, w kolejnych bażancich wcieleniach.
A ja będę i zniknę. Znać mnie – żadna wiedza,
zupełnie nieprzydatna. Więc ja piszę: siedział
przy torach, imię: bażant. Sam nie mam imienia.

Pociąg, Warszawa–Lublin, 9 X 2006

forever and ever, through many pheasant lives.
While I will disappear. To know me will prove
futile, all mastery useless. That's why I write: he came
to the railway, his name: pheasant. Me, I have no name.

Train, Warsaw to Lublin, 9 October 2006

Bajka o hurtowniku pietruszki

dla P.S.

Pewien sprzedawca pietruszki (hurt detal spedycja) całe swoje oszczędności zainwestował w sekretne nauki orfickie. Na wieść o tym jego przyjaciele i kontrahenci przybierali zatroskany wyraz twarzy albo pukali się w czoło – a jednak, po wielu latach wtajemniczeń, sprzedawca pietruszki zaczął przemawiać tak przekonująco, ze nikt nie umiał mu się oprzeć. Jego pietruszka, jeśli tylko negocjował osobiście, osiągała ceny złota; kiedy stanął na skraju plantacji i zaśpiewał do zajęcy, żaden z nich nie przyszedł żerować na zagonach; politycy wysyłali swoich sekretarzy z prośbą, by pisał im przemówienia, a wydawcy – swoich agentów z milionowymi kontraktami; samochody przepuszczały go na przejściu nawet na czerwonym, a wszystkie kobiety i wszyscy mężczyźni, kiedy tylko usłyszeli jego słowa, ułożone w tajemne konstelacje, gotowi byli pójść za nim w ogień, a przynajmniej do łóżka.

On jednak uczył się dla jednej jedynej osoby – milkliwego, długopalcego farmaceuty z leciutkim zespołem Aspergera, który okazał się odporny na magie słowa.

Dlatego kiedy mówiono mu: „Posiada pan wielki dar!”, wzruszał ramionami i odpowiadał smutno: „Etam”.

Omi, NY, 23 IX 2009

Fable of the Parsley Dealer

for P.S.

A certain parsley dealer (wholesale retail shipping) invested his entire life savings in arcane Orphic teachings. When informed of this, his friends and business partners looked concerned or tapped their foreheads. Nonetheless, after years of initiation into the mysteries, the dealer began to speak so persuasively that no one could contradict him. His parsley, whenever he negotiated on his own behalf, reached the price of gold; when he stood at the edge of his plantation and sang to the rabbits, none of them preyed on his fields; politicians sent their press secretaries, asking him to write speeches for them, and publishers—their agents waving contracts worth millions. Cars let him pass at intersections even when he had the red, and men and women everywhere, after listening to his words spun out in mysterious constellations, were prepared to walk through fire for him or, at the very least, wind up in his bed.

But he had undertaken these esoteric studies for one person only—a taciturn, long-fingered pharmacist with a touch of Asperger's who proved resistant to the magic of words.

That's why when they'd say, "You have a true gift!" he'd shrug his shoulders and respond sadly, "If you say so."

Omi, NY, 23 September 2009

Czereśnie

Strącanie patykami czereśni „hiszpanek"
(żółtych, pomarańczowych, białych, różowawych)
i spadające z góry złamane gałązki
z liśćmi i owocami. Zbieranie ich z trawy.
Liście duże, skórzaste. Znowu. Celowanie.
I czereśnie, pęknięte od nadmiaru soku,
naddziobane przez szpaki. I długi bieg roku,
[34]
zanim znowu dojrzeją i znów będzie można
wybiegać rano z domu (cicho, na parterze
ktoś od dawna umiera) i przebiegać wąskim
przejściem między klombami, i jak małe zwierzę
polować na czereśnie. Jak kot. Jak ostrożna
nutria-wegetarianka.
                        Nic z tego się nie da
ocalić. Mimo licznych usiłowań, mimo
prób zwykłych, generalnych, kostiumowych nawet.
Mimo projekcji slajdów, polewania zimną
wodą, galwanizacji wyciętego drzewa
i oddychania usta-pustka. Tamta klisza
jest wciąż mglista, nieostra. Jakiś brzydki liszaj,
czas, wdał się i nie puszcza. Drzewo, słońce, kije
spadające przez warstwy liści są jak projekt,
jak rysunek techniczny szczęścia (tytuł: *Klawe
dzieciństwo. Numer serii: C4A8*),
które nigdy nie ruszy. Niemalże niczyje.

Katowice, 27 VIII 2007

Cherries

Knocking down cherries, the Spanish kind
(yellow, orange, sometimes pink or white),
the broken branches tumbling from above
with leaves and fruit. On the lawn a trove.
The big leaves leathery. Again you met your goal.
The cherries bursting from too much juice,
attacked by starlings. A year will pass
before again they ripen and you can run
from the house at dawn across the grass
between the flower beds (quiet since someone's
dying in the parlor) and like some prowling beast,
head for the cherries. Like a vegetarian mink.
Or stealthy cat.
     Nothing from this scene
can be preserved. Despite brave tries: a splash
of bracing water, mouth to mouth on silent lungs,
the cut tree jolted with current. Despite
casual rehearsals or ones in full dress.
Despite projections of slides. That frame
remains blurry, indistinct. Some lichen, time,
has intervened and won't let go. The tree
in sun, limbs swaying through thick leaves,
is like a blueprint for happiness (title: *Delights
of Childhood, Series C4A8*),
which never stirs. As if not yours.

Katowice, 27 August 2007

Niewdzięczność

Skąd wrócił do mnie nagle ten obraz: rozwidlenie
    gałęzi czereśni, rosnącej na końcu ogrodu?
I to, jak uległą była – z najniższym konarem blisko ziemi,
    zapraszającym do wejścia, z kolejnym po drugiej stronie,
    wreszcie z tym wysokim rozwidleniem, gdzie można było
    oprzeć stopę,
    by, trzymając się jednej z gałęzi, sięgać po
ciemnowiśniowe, niemal czarne
    czereśnie!

Ścięto ją parę lat temu, tuż pod najniższym konarem,
    nie wiem kto, nie wiem po co – bo jak wytłumaczyć
    niewdzięczność wobec drzewa, które z takim oddaniem
    rodziło owoce,
    które z takim oddaniem słało się pod trampki i chwytne
    ręce chłopców?

I gdzie indziej mieni się tamta pionowa ławica liści,
i kto inny opiera stopę na tamtym rozwidleniu:
    wychyla się daleko,
    i zda się, że nie sięgnie, a sięga,
    zrywa trzy naraz
        i podnosi je
            do
            ust.

Warszawa, 14 V 2011

Ungratefulness

Why did this image suddenly come back to me: the forked
     limbs of the cherry tree at the edge of the garden?
And how the tree offered itself—its lowest branch close to the ground
     inviting us in, and on the opposite side
     that high fork where it was possible
        to get a foothold
     and grabbing onto one of the branches, reach the dark-red,
        nearly black   [37]
        cherries!

Cut down a couple years ago, there beneath the lowest branch,
     I don't know who or why—because how to explain
     this lack of gratitude toward a tree, which yielded fruit with
        such devotion
     and endured the sneakers and sticky hands of boys without
        complaint?

     And where else does that vertical shoal of leaves glisten,
     and who else props a foot on that forking branch,
        leans out far,
        and looks as if he won't reach but does,
        tears off three at a time
           and lifts them
              to
               his lips.

Warszawa, 14 May 2011

8.5 x 13, '84

Dokąd idziesz, chłopczyku,
w czapeczce w szkocką kratę,
w ubranku z darów,
w wyblakłych kolorkach minionych lat
osiemdziesiątych?
Wszędzie, gdzie pójdziesz, będzie gorzej,
zatrzymaj się, uśmiechnij.

[38]

Warszawa, 12 IV 2008

4 x 6, '84

Where are you headed, little boy,
in that cap of Scottish plaid
and those secondhand clothes
in the washed out colors
of the Eighties?
Wherever you go, it will be worse,
so pause right there, and smile.

[39]

Warsaw, 12 April 2008

Hör ich das Liedchen klingen

Któż mógł podejrzewać, że nasze życia staną się tak nużąco niecieкawe, i tym bardziej jeszcze nużące, że z zewnątrz wydają się ciekawe jak nie wiem co, że przypominają to wszystko, o czym marzyliśmy jako niedowarzone istoty z trądzikiem i górną wargą obrzmiałą od kiełkującego zarostu? Własne mieszkanie, seks dostępny, przynajmniej potencjalnie, bez żadnych ograniczeń, lokalna sława, studenci pierwszego roku mówiący „proszę pana", rodzice stojący na uboczu, jak samochody sąsiadów-emerytów: teoretycznie jeszcze na chodzie, ale od dawna nieruchome pod brezentowymi plandekami.

[40]

Któż mógł podejrzewać: własne konta, kredyty, podróże, poczwórne drinki na wyciągnięcie karty; wszystkie rozkosze zakazane i dozwolone rozłożone jak menu w luksusowej restauracji *all you can eat*. Krótki błysk między dzieciństwem a starością, między rośnięciem włosów na klacie a łysieniem, moment, w którym jest się udzielnym panem życia.

Czy ktoś z nas mógł jednak podejrzewać, że tamto nabierze takiej siły, że tak się namagnetyzuje, rozbłyśnie? Długie popołudnia pierwszych wtajemniczeń, rozmowy o książkach ograniczające się do „musisz, musisz to przeczytać" bo wrażenie było tak dojmujące, że nie do przekazania przez żadne ze znanych nam słów i zwrotów. Och, miłość, oczywiście. Ale ponad wszystko – potencjalność. Była wszędzie, walała się pod nogami, można się o nią było potknąć w przejściu; niektórzy nawet wyrzucali ją przez okno, jakby nigdy nie miało jej zabraknąć.

Pociąg, Kraków-Warszawa, 17 VI 2008

Hör ich das Liedchen klingen

Who could have suspected that our lives would turn out so commonplace, especially when to others they appear interesting, and in fact, remind us of everything we fantasized about years ago as teenagers with acne, our lips bristling with down? Our own apartment, accessible sex (at least hypothetically), local fame, first-year students addressing us as "sir," our parents off to the side like the cars of retired neighbors: theoretically still running but for years parked beneath a canvas tarp.

[41]

Who could have suspected: our own bank accounts, mortgages, travels, rounds of drinks by pulling out a card—all pleasures forbidden and allowed, laid out like a menu in a luxurious all-you-can-eat restaurant. That brief flash between childhood and old age, between growing chest hair and going bald, that moment when one's master of one's life.

But could any of us have predicted those earlier years would take on so much power, attracting us with their distant luster? The long afternoons of our first initiations, conversations about books limited to "you really, really have to read this" because the impression was so intense it couldn't be conveyed by any words or phrases known to us. And love, of course. But more than anything —potential. It was everywhere: it wallowed at our feet, you could trip over it at the crosswalk. Some even threw it from the window, as if it would never run out.

Train, Kraków to Warsaw, 17 June 2008

Stary człowiek w oknie pałacu

To jest ta chwila, gdy życie wyrywa
się z ciała ogniem i, jedna za drugą,
pękają cumy: ścięgna i wiązadła,
skóra jak ziemia dana czarnym pługom,
drewno chrzęszczące w zawartych imadłach,
dusza jak kolec, jak samotna diwa

na wielkiej scenie: pustej, nieogrzanej,
bez bileterek i bez publiczności,
ze zdartym gardłem. Są na to modlitwy,
są na to frazy w idiolekcie gości
z mikrofonami. Są transmisje z Litwy,
Malty, Paryża i kaplicy w Mszanie.

Tu cię dogania ciało, które łaknie
gąbki, balsamu, ketonalu, swobód.
Wagony lukru stoją na bocznicach,
sztab cukierników stoi w pogotowiu,
spiżowi jeźdźcy stoją u granicy.
Sens jest wyraźny. Ale zaraz blaknie.

Warszawa, 4 IV 2006

Old Man in a Palace Window

John Paul II, April 2005

It's the moment when death pulls the flame
from the body, and one after another,
the ropes of tendons and ligaments give way,
flesh like earth before the black plow,
wood creaking in the vise's smother,
the spirit like a lash, like a diva now

alone on a huge stage: bare, without heat,
without ushers, no crowd in the seats,
her throat hoarse. There are prayers for this,
soundbites in the lingo of microphones,
transmissions from Lithuania, Malta, Paris,
and Mszana's chapel of St. John.

Now your body takes over. It craves
a sponge, lotion, morphine, release. A corps
of confectioners stands ready to report,
their carts of treacle waiting by the pave,
and hardy couriers poise at the frontier.
The meaning's clear. Soon it will blur.

Warsaw, 4 April 2006

3

Posterity
POSTERITY

Posterity

Danny Mehmed K8 i Lin-Jane F7,
transpłciowe praprawnuki prawnuków mojego
brata widzą to zdjęcie na złączach wspólnego
hyper-sebastos-mega-super-portu. „Nie wiem,

jakiś J., brat tamtego". „Myślałom, że wtedy
strzygli się na Elvisa". „Nie, to było raczej
trochę wcześniej. Czy później? Po wojnie. To znaczy . . ."
„Tej z Czerczilem?" „Z Czerczilem. I z Wilhelmem I.

Albo drugiej, pod koniec XX wieku".
FILE'S NAME'S LOST „Brat tamtego i kuzyn Wiktora
z szóstego archizbioru. Szukaj w archizbiorach…
No, tego." „Daj zbliżenie". „Czek . . . - biorą po wdechu

. . . aj" . . . Lecz pora pastylek. I leżakowania.
Za kryształową ścianą czerwony krajobraz.
I obraz w hyperporcie zaczernia się do dna,
wygaszacz „Cienie przodków" czule go przysłania.

Częstochowa, 19 XI 2005

Posterity

Danny Mehmed K8 and Lin-Jane F7,
transgender great-great-grandchildren from
my brother's line, view the photo on some
hyper-majestic-mega-super-port. "That man?

Some J, brother of what's his name." "I thought back then
they wore their hair like Elvis." "No, that was somewhat
earlier. Or later? After the war. I mean . . ." "The one
with Churchill?" "Yeah, with Churchill. And Kaiser Wilhelm.

[47]

Or maybe the Second, end of the 20th century."
FILE NAME'S LOST "Brother of what's his name and cousin
Vic from the sixth dynasto-cache. Search the archived trees . . .
Right there." "Zoom in." They draw a breath. "Wait, a min—"

But it's time for pills. And then bed rest.
Beyond the crystal wall, the landscape's red.
The image in the hyper-port starts to dim:
the screensaver "Forebears' Ghosts" will tuck it in.

Częstochowa, 19 November 2005

Sebastiano del Piombo, *Wskrzeszenie Łazarza*

Było z mojego wskrzeszenia wiele radości. Ale śmierdzieć nie przestałem. Co robić – jak ktoś cię przywraca do życia, nie wykłócasz się o drobiazgi. Więc znów miałem drzewa oliwne i chmury, i rdzawy cień w załomach murów, niskie muczenie krów pędzonych do wodopoju, smak chleba i mleka, i smażonego mięsa, szorstkość żwiru i bandaży, ale śmierdzieć nie przestałem.

Z początku przychodzili goście, którzy chcieli ze mną zamienić słowo, dotknąć ciała, że ciepłe, i, zasłaniając nos rękawem, zapytać czy tam nie spotkałem ich matki, ojca, stryja, dziecka, kuzyna Nehemiasza, babki, która gdzieś zakopała garnczek monet i nikomu nie zdążyła powiedzieć gdzie. Ale potem sława cudu przygasła, a ja śmierdzieć nie przestałem.

Mówiła mi Maria: Łazarzu, Łazarzu, jesteś wielkim cudem Pana, kontemplujmy tę tajemnicę, módlmy się, ale każde w cichości swojego pokoju. Mówiła mi Marta: Łazarzu, Łazarzu, tak, upiekę ci twój ulubiony placek z czarnuszką i przyrządzę kapłona z szafranem, ale zjedz w cichości swojego pokoju. Kiedy rzucałem im w złości: nie prosiłem się z powrotem na ten świat, odpowiadały: Łazarzu, Łazarzu, jak nieładnie. Odpowiadały: Łazarzu, Łazarzu, bluźnisz. I wracały do swoich pokojów.

Potem wybudowały izbę w ogrodzie i kazały mi się do niej przenieść, żebym nie mieszkał zbyt blisko kuchni. Nazywały ją grobowcem – najpierw między sobą, w żartach, potem nie kryły się z tym i przede mną. Wychodziły do ogrodu i krzyczały: Łazarzu, Łazarzu, zostawiłyśmy ci obiad przed bramą grobowca.

Sebastiano del Piombo, *The Raising of Lazarus*

There was much rejoicing when I was raised from the dead. But I didn't stop stinking. What to do? When someone brings you back to life, you don't fuss over details. Once more I looked at the clouds and olive trees, ruddy shadows where the walls curved, heard the lowing of cattle on their way to the watering-hole, tasted bread and milk and fried meat, felt the roughness of gravel or bandages. But I continued to stink.

At first, guests dropped by to talk with me and touch my body for warmth. Covering their nose with a sleeve, they'd ask if I had seen their mother, father, uncle, child, cousin Nehemiah, or grandmother, who had somewhere buried a pot of coins but neglected to mention where. But after a while the novelty of the miracle wore off, and still my stench remained.

Mary said to me: Oh Lazarus, you're the Lord's great miracle, let's dwell on that mystery, let us pray, but each in the silence of our separate rooms. And Martha said: Lazarus, I'll bake you your favorite cake with black cumin seeds, and prepare a capon with saffron, but eat it, please, in the privacy of your own room. When I'd say in anger, Look, I didn't ask to be brought back, they'd reply, Lazarus, is that any way to behave? Or, Lazarus, that's blasphemy. And they'd return to their rooms.

Later they built a separate chamber in the garden and asked me to move into it, so I wouldn't be too close to the kitchen. They called it the tomb—first amongst themselves as a joke, but then even to my face. They'd come out to the garden and say, Lazarus, Lazarus, we've left your dinner at the opening of your tomb. And

Wreszcie kazały zamurować wejście i podawały mi jedzenie przez małe okienko.

Na starość mówiły: co nas podkusiło, żeby zapraszać do domu tego szarlatana!

Na starość mówiły: byłyśmy młode i głupie.

Londyn-Warszawa, 2-3 VII 2012

one day, they asked that the entrance be sealed and took to slipping me my food through a small window.

When they grew old, they often said, What tempted us to bring that charlatan to our house?

When they grew old, they kept repeating, We were young and stupid then.

London–Warsaw, 2–3 July 2012

Żółty dom

W odpowiedzi na petycje mieszkańców, decyzja mera pacjenta zamknięto wreszcie w szpitalu. Policjanci mają opieczętować drzwi: wchodzą, przerzucają sterty obrazów. Śmieją się: krzykliwe kolory, wykrzywione twarze, koślawe krzesło. Zza jednego żółto-brunatnego płótna (słoneczniki w polewanym wazonie) wyciągają drugie: dwa śledzie na gazecie. „Piklingi" – ile razy to słyszeli? Pod kaszkietami robi się surowo. Obciągają mundury. Zakładają prędko plomby, lecą złożyć oficjalne zawiadomienie o złośliwej karykaturze, która obraża ich dwóch osobiście, a pośrednio policje miasta Arles czy może nawet całej Republiki.

Przez ten krótki moment dotykali Wielkiego i Cennego, które spadło, niezauważone, na miasto Arles i całą Republikę. Ale już do śmierci ci dwaj – nie zapisano nawet, jak się nazywali – będą opowiadali wnukom tylko o fecie z okazji wyborów, pościgu za znanym koniokradem i przyjeździe aktorki, której nazwisko wypadło im akurat z pamięci.

Warszawa, 15 IV 2010

Yellow House

In response to a plea from neighbors of the patient finally locked up in the hospital, the mayor takes action. The police are to seal the door. They enter and rifle through a stack of paintings. How they laugh: what garish colors, contorted faces, crooked chairs. From behind a brownish-gold canvas (sunflowers in a glazed vase), they pull out another: two herrings on a newspaper. "Red Herrings"— how many times have they heard that? Their visors stern, they straighten their uniforms. Then they quickly apply the seal and run to submit their official report about this malicious caricature, which has offended not only the two of them personally, but also the entire police force of Arles and maybe even of the whole Republic.

In that brief moment, they encountered the Great and Venerable, who landed unnoticed in the city of Arles and the whole Republic. For the rest of their lives, these two—their names went unrecorded—would tell their grandchildren about the gala after the elections, their pursuit of an infamous horse thief, the visit of an actress, whose name, it happened, they could not remember.

Warsaw, 15 April 2010

Urartu

Kto słyszał o Urartu? Zakurzony docent
na szacownej uczelni. Ich miasta zrównano
z ciszą, w domach zamieszkał śnieg i korzeń pinii,
ich ziemię obrócono pługiem w inną ziemię.

Mieli swoich kapłanów i wodzów i mędrców.
Generał knuł przeciwko eunuchowi, eunuch
spiskował z wróżbitami. Szewc przez całe życie
dybał na warsztat krawca. Piekarz miał ambicje.

[54]

Po sztuce kulinarnej Urartu nie został
nawet pęczek rzodkiewki. Ich pieśni wybrzmiały,
bajek nie przechowuje żadna antologia.

Nawet ich nazwę znamy tylko z kronik w cudzej
mowie, która nie mogła oddać brzmienia lekkich
samogłosek i szorstkich spółgłosek „Urartu".

Za całą wiedzę o nich musi nam wystarczyć
kamień: niezdarny posąg z ciut za dużą głową,

kilka szkliwionych skorup ze sznurkowym wzorem.
Co byście powiedzieli, gdyby was wyrażał

gipsowy święty Józef, pół szklanki z Ikei,

ortalionowy strzępek przechowany w piasku?

Stambuł, 12 VIII 2008

Urartu

Who has heard of Urartu? Some fusty docent
at a respected college. Their cities leveled
into silence, their homes inhabited by snow
and pine roots, their land plowed into another's.

They had their own priests and leaders and wise men.
The general schemed against the eunuch, the eunuch
conspired with soothsayers. The cobbler his whole life
envied the tailor's shop. The baker had ambitions.

Of Urartu's culinary arts, not a clump
of radish remains. Their songs have been muted,
and no anthology has collected their lore.

Even their name we know only from chronicles
in other tongues, which cannot convey the sounds—
light vowels and harsh consonants in "Urartu."

For our entire knowledge of them, a stone must
suffice: awkward statue with head a touch too big,

handful of polished shells with a string motif.
What would you say if these epitomized you:

a plaster Saint Joseph, glass shard from Ikea,

or polyester remnant preserved in sand?

Istanbul, 12 August 2008

Pleśń (Warszawa Centralna)

Z kupy szmat pod napisem KEBAB HOT-DOG GYROS
wystają tylko chude ręce i pół twarzy,
wargi na pustych dziąsłach. Brudne i brunatne.
I coś białego w rękach, coś szarobiałego,
szaroburego nawet, coś w kolorze pleśni:
elektryczne organki z plastiku, zabawka
wygrzebana ze śmieci. Wrzucasz do kubeczka
pięć złotych, szmaty mówią „Sto lat panu, sto lat!"
i grają na organkach *ta-da ta-da taaa-da*,
przyciskając uważnie klawisz za klawiszem.

Pleśń, która z niewiadomych przyczyn się zalęgła
na niegościnnej kulce z kamienia, lecącej
przez równie niegościnną przestrzeń, wzrosła w siłę.
W zmienne kształty i barwy. Pantofelek. Stułbia.
Gekony, kazuary, tyranozaurusy.
Hominidzi i homo z obfitością przezwisk,
zamki, katedry, dworce, michałyanioły,
homery, danty, dżojsy, i wreszcie darwiny.

Kiedy większy Tunguski, większy Krakatau
albo większa Halleya dadzą sobie radę
z pleśnią, zostanie kulka z siwego kamienia,
trochę murów, napisy. Między nimi będzie
szło Piękno, w białej szacie (nieco osmalonej)
nie z kitarą Apolla, tylko z plastikowym
graidłem dla dzieciaków. *Ta-da ta-da taaa-da*
będzie znaczyło wtedy: *Minęło, minęli.*

Berlin, 21 II 2008

[56]

Mold (Warsaw Central Station)

From a pile of rags under the sign KEBAB HOT DOG GYROS
only skinny hands and part of a jaw stick out,
lips on toothless gums. And there's something white
in those streaked hands, something gray-white,
grayish-yellow even, something the color of mold:
a little accordion, a plastic toy picked
from the trash. When you toss five zlotys in the cup,
the rags say, "Bless you, mister, bless you!"   [57]
and force the organ into song *ta-da ta-da taaa-da,**
pressing each plastic key with care.

On this desolate hunk of rock, mold evolved
for unknown reasons, surviving for eons
under harsh conditions, gaining strength,
assuming motley shapes and hues. A slipper. A hydra.
Geckoes, cassowaries, tyrannosauruses.
Hominids and homo with his wealth of nicknames.
Castles, cathedrals, train stations, michelangelos,
homers, dantes, joyces, and, lastly, darwins.

When a blast bigger than Tunguska or Krakatoa,
mightier than Halley's comet, finally vanquishes
the mold, only pellets of gray stone will remain,
fragments of wall and script. Amid the rubble,
Beauty will stride in her white robe (slightly singed),
not with an Apollonian lyre, but with a child's
plastic accordion. *Ta-da ta-da taaa-da*
will then mean: *All are passing, all's passed.*

Berlin, 21 February 2008   * To the tune of "Happy Birthday"

Big Splash

Czternastosekundowy filmik w Wikipedii
pokazuje zderzenie piłeczki zielonej
z niebieską: spójrz, tak powstał księżyc. Nie ma gorszej
wiadomości dla bladych poetów. Więc zbitka
„proto-Ziemia" ma jakieś znaczenie? Na Ziemi
jest ktoś, kto jej używa tak, jak słowa „nitka",

„kombinezon", „miednica", mając w głowie – właśnie:
bryłę? planetę? koncept? Materiał na miejsce?
Czytaj dalej. Jest groźnie: komety i deszcze
meteorytów, mrozy, Ziemia kulą lodu,
wypadnięcie z orbity, połknięcie przez gwiazdę,
i entropia: Endlösung najwyższego sortu.

Niewiele jest nadziei w cichym oceanie
metanu na odległym księżycu Saturna,
w lodzie na Europie, w Cher. Wszechświat to trumna
na wszystkie formy życia i nieżycie całe.
Nawet ten stół jest drobny, kruchy na nim talerz,
i przy małych kieliszkach sztućce równie małe:

wszystko to, od anteny aż po fundamenty,
złoży się i zasklepi bez świadectwa kształtu
pod galaktyczną burzą i naporem kwarków,
Pomyśl: to co jest gruntem i rzeką i miastem
zarośnie pozaziemską szadzią, pyłem gwiezdnym
i elementarnymi cząstkami jak chwastem.

Big Splash

A fourteen-second film clip on Wikipedia
shows a green sphere colliding like a meteor
with a blue one: look, that's how the moon arose.
For dreamy poets, there could not be worse news.
Does the phrase "proto-Earth" have any meaning?
Here on Earth someone utters it just like "string,"

or "basin" or "overalls," having in mind   [59]
what? a lump, planet, theory, or building blocks?
Read on. It's daunting: comets and meteorites
spawning ice ages, the Earth a frozen clod
falling out of orbit, swallowed by a star—
entropy: the "final solution" writ large.

There's not much hope in Europa's crust of ice,
the methane sea on one of Saturn's distant moons,
or sculpted contours of Cher's lips and eyes.
Space entombs both animal and mineral.
Even this table feels small, this saucer fragile,
and by each wine glass, a flimsy fork and spoon.

All this, from antenna to cellar, will cave
in on itself, no trace of its former shape
surviving galactic storms and the onslaught
of quarks. Picture the Earth's rivers and cities
clogged with elemental particles like weeds,
besieged by stardust and an unearthly frost.

Słuchaj. To opowiada: nie jesteście sami
ze skazaną na klęskę próbą bycia wiernym,
z waszym nikłym ciężarem ułomnej materii.
z waszą kruchością wiązań i bezbronną skórą.
Przegra wszystko: nożyce i papier i kamień.
Coś gwiazdami obraca – lecz nie jest to czułość.

Warszawa, 1-3 II 2006

Listen. This is just to say we're not alone
in our disastrous attempts to be faithful,
us with our shaky joints and bones so brittle,
our wispy builds and skin like tattered gloves.
Everyone's a loser: scissors, paper, stone.
Something moves the stars—guess what? It isn't love.

Warsaw, 1–3 February 2006

Przebicie

Śmierć, Leta, Lorelei, Leta.
O. Mandelsztam

W dniu pamięci o Holokauście wszyscy żyją
chwilową śmiercią fejsa. A jednak: hakerzy
z Lizard Squad byli słabi, ich atak uśmierzył
kipiel fot i statusów, filmików z kotami
jedynie na godzinę. Przez chwilę – niczyją

była ta przestrzeń między użytkownikami,
jak wielka połać bieli niedotkniętej stopą,
nad którą w ciszy prószą sześciokątne gwiazdki.
Fejs, instagram i tinder, pudła na namiastki
życia – nagle zamknięte na głucho, bez słowa;

zatrzasnęły się zamki snu ponad Europą,
Azją i Ameryką. Komora gazowa?
Skąd, tylko dezynfekcja. Dziś was oczyścimy
ze zbędnych zdjęć talerza z burgerami vege,
statusów o chomiku, teledysków reggae.

Tędy, po białych kaflach: półki na tablety,
szuflady na laptopy. Wszystko w barwach zimy,
w tym sezonie ostatni krzyk. Ta woda? Z Lety,
tam są kurki. Tak, smaczna. I zdatna do picia.
Lecz na to jeszcze przyjdzie czas. Odkryte głowy

Flashover

Death, Lethe, Lorelei, Lethe.
O. Mandelstam

On Holocaust Remembrance Day we each
lived through Facebook's temporary death.
But the Lizard Squad hackers weren't the best:
they silenced the swarm of pics and statuses,
cute cat videos for an hour max. In that breach

the space between users belonged to none of us,
a blank white field untouched by any foot,
over which stars of David drifted down.
Facebook, Tinder, and Instagram—deep bins
for our substitute lives—now mute, locked fast;

hinged dreams all over Europe slammed shut,
in Asia and America, too. This way to the gas?
No, just a cleanse. Today we'll scrub from you
all needless pics of veggie burger snacks,
pet hamster updates, and reggae tracks.

This way, follow the white tiles: shelves for tablets,
drawers for laptops. Everything in wintry hues,
the season's rage. This water's Lethe's, the faucets
near. Yes, it's delicious and fit to drink.
But later there'll be time. For now, bare heads

rozstawione na całym placu apelowym,
aż do świtu. Ktoś kogoś podtrzymuje, inny
prawie pada, lecz zwierzę w nim trzyma się życia
i stawia go do pionu. Wloką się godziny,
zmieniają się strażnicy (w ogrzanej kanciapie

mają akordeony, wódkę i kiełbaski,
a nic przecież nie świeci takim jasnym blaskiem
jak radocha i ciepło z cudzego statusu).
Śmieszne: czego nie zdzierży najcierpliwszy papier,
internet wytrzymuje, więc wyszliśmy z gruzu

i dym lepki od tłuszczu rozwiał się zupełnie
nad szorstką sierścią lasów. Na ciekłych kryształach
mamy bezpieczne życia, Leta wymazała
co trzeba – bo jak długo piec może wygasać?
Fejs: *O czym teraz myślisz?* Piszesz, on się wiesza

i, błękitny, zastyga w szaro-białych pasach.

Pociąg, Warszawa–Berlin, 27 I 2015

are spaced at intervals across the camp's quad
till daybreak. Someone props a fellow inmate up,
another reels but the animal within clings
to life, stays upright. The hours creep,
a changing of the guard takes place (their hut

heated, with vodka, sausage, and accordions,
for nothing shines with quite that radiance
as the joy and warmth of someone else's status).
Odd: what the loyal notebook would omit
the internet retains, so we claw from the detritus,

and the smoke sticky with fat disappears
over the forests' coarse fur. On leaky screens
we lead safe lives. Lethe has washed clean
what it must—how long can the ovens stay unmanned?
Facebook: *What's on your mind?* Write: you hang there,

all blue, cooling in those gray and white bands.

Train, Warsaw-Berlin, 27 January 2015

Space Oddity

dla J. T. w NY

Przeskoczył mały ząbek w sferach – tu
już jest inaczej, przeszła czarna iskra,
ale u ciebie czeka statku przystań
i znaku – herold. *Planet Earth is blue*

u ciebie – *black*, bo brak zielonej kropki
przy profilowym. Śpisz w osobnym świecie,
w którym o niczym, na szczęście, nie wiecie,
nawet bezsenni: ktoś wnosi na schodki

piekarni skrzynki chleba, a pod dom
zajeżdża para po kolacji w Queens
i nikt z nich nie wie, że w kraju, gdzie śpisz,
sześć godzin dłużej żyje major Tom.

Warszawa, 11 I 2016

Space Oddity

for J.T. in New York

A small cog in the spheres has slipped: here
something's changed—a black spark's crossed the sky.
Near you the envoy still awaits a sign,
the port a ship. *Planet Earth is blue,* but where

you are, it's *black*—no green dot marks
your profile pic. You sleep there in a world apart,
where, luckily, you don't yet know a thing,
even when near dawn you wake: someone flings

a crate of bread down on the bakery stoop, or
a couple drives back from dinner in Queens,
and no one in the land where you still dream
knows Major Tom's alive there six hours more.

Warsaw, 11 January 2016

[67]

4

Symetria
SYMMETRY

Symetria

dla P. T.

Leżymy coraz dalej od siebie. To samo
łóżko, ta sama pościel, ale coraz dalej.
Jak kwiat przez nietoperze zapylany, łóżko
rozchyla się co wieczór – my na przeciwległych
płatkach. Wciąż coraz dalej. Leżymy od siebie.

Nie da się sięgnąć ręką, dotknąć stopą stopy –
z twojego brzegu słychać wilgi i mruczenie
żbików, na moim widać perkozy i, z rzadka,
gronostaja, co czmychnął w zarośla pościeli.
Coraz szerzej. Kasztele i śluzy kamienne,
pełne porty, ogrody, bezkresne pustynie.

Każdy po swojej stronie nocy. Równolegli
w samotności i ciszy. Nie da się przywołać,
nie da się nad przepaścią stanąć i usłyszeć.
Rozwiązane więzadła, rozluźnione rymy.
Bliżej do drzwi i okien niż do siebie. Śpimy.

Łódź-Warszawa, 8 XII 2003

Symmetry

for P.T.

We lie further and further apart each night. Same
bed, same sheets and blankets, but further apart.
Like a night flower pollinated by bats, our bed
gapes open each evening—with us on opposite
petals. Further still we lie from each other.
Too far to clasp hands, touch a foot with a foot—
from your bank comes the call of orioles, the growling
of wildcats; on mine one glimpses grebes and now and then
an ermine, which burrows in the thicket of our sheets.
Wider and wider, those turrets and floodgates of stone,
bustling ports, dense gardens, unfathomable deserts.

Each to his own side of night. Parallel in silence
and solitude. Too far to call to each other,
too far to stand at the brink and listen.
Our ligaments untangled, relaxed as this rhyming.
Nearer windows and doors than each other. Dreaming.

Łódź-Warsaw, 8 December 2003

[71]

Apetyt

Wieczór. Na stole resztki po kolacji z Basią,
nawet dość holenderskie. Za plecami dzwonią
Gymnopédies Satiego. Okno jest otwarte
szeroko, na zmrożone powietrze.
                                    Jak długo
te wszystkie piękne rzeczy (mróz, Satie, albumy
Cahun) będą odporne na moją żarłoczność?

Oto, co mówi termit gryzący kawałek
drewna w olbrzymim domu, pełnym starych mebli,
stojącym pośród innych (też drewnianych) domów
(też pełnych starych mebli), w środku wielkiej puszczy,
leżącej na drewnianym lądzie, opływanym
oceanem dębowym, sekwojowym morzem.

Warszawa, 28 I 2004

Appetite

Evening. On the cloth, residue of supper with Basia,
like in some Dutch painting. Behind me, Satie's
Gymnopédies are chiming. The window's open wide,
letting in the frosty air.
                           How long
will all these beautiful things (the chill, Satie,
Cahun's albums) resist my appetite?

[73]

This is what the termite says, nibbling on the joist
of a gigantic house full of old furniture,
standing among other houses—also of wood
and packed with old furniture—in a vast forest
on some wooden continent, surrounded
by a sea of sequoia, an ocean of oak.

Warsaw, 28 January 2004

Korytarz, późna jesień

Wychodzę z przegrzanego – jak zwykle – przedziału.
Od rana same Bruegle, bo to późna jesień
(gdyby nie jakaś stacja od czasu do czasu,
jakiś blok i bocznica, pociąg by udawał
salę w Kunsthistorisches z zupełnym mistrzostwem;
puścić między te wierzby chłopów z tasakami
w karminowych kubrakach i w spodniach niebieskich
i malować starannie, z paletą i z głową . . .).
Otwieram któryś obraz (pani obok pali) –
widok przejrzysty, jakby zdjąć mgłę i werniksy:
pod ścianą rosochaczy (które ktoś życzliwy
nazwałby może laskiem) szafirowa chmura,
obok druga, czerwona, na tle czarnych żerdzi.

Jak zawieszone w mrozie rozpylone krople
zakrzepłej farby albo zdjęcie elektronów.

Mieszczuch – nie znam, więc szukam w głowie; pociąg zwalnia;
i znajduję: że krzewy tarniny i głogu
(czyli cierpkość rosnąca pospołu z miłością;
mieszczuch, ale z książkami), z których liście właśnie
opadły, zostawiając obłoki owoców.

I jakby nie opisać, po tych wszystkich Brueglach
po wszystkich erudycjach – ta gwałtowność piękna.
Od kogo taki prezent, tak niespodziewany

[74]

Train Corridor, Late Fall

I slip out of the compartment—stuffy, as usual.
Since daybreak, I've seen one Brueghel after another
as it's late fall (and if not for some station now and then,
some apartment block or side track, this train would resemble
a gallery of the Kunsthistorisches with its exacting replicas:
oh, to drop those villagers with carmine doublets and blue trousers
between the willows, cleavers in hand, and to paint them
so meticulously with both palette and the mind . . .).   [75]
I unlatch an image (the woman next to me is smoking)
—a landscape so clear, as if all fog and varnish had vanished:
beneath a wall of twisted branches (which some gracious soul
might call a grove) a lapis cloud looms beside a red one,
against a backdrop of thin, black trunks.

As if suspended in cold air, like atomized splotches
of clotted paint or a photo of electrons.

A city person, I'm weak on trees, so I scan my memory;
the train slows, and the names come: blackthorn and hawthorn
(or tartness grafted with love—
a nature person, thanks to books), their leaves just fallen,
revealing clouds of sloe plums.

And after all those Brueghels, all that mental effort,
how not to describe it: this fierceness of beauty.
The hawthorns and blackthorns, those clouds

w dwudziestym trzecim roku: te krzewy tarniny
i głogu, te obłoki przypięte do ziemi?
Odpowiedź: „Od nikogo" byłaby niewdzięczna
i, na szczęście, zbyt prosta. Tarniny znikają.

Pociąg, Gdańsk–Bydgoszcz–Toruń, 21 XI 2003

sticking to the ground. Such an unexpected gift
and from whom, in my twenty-third year?
The answer "From no one" would be ungrateful
and, in truth, too simple. The blackthorns fly past.

Train, Gdańsk–Bydgoszcz–Toruń, 21 November 2003

Odwilż

dla P. T.

Topnieje. Nieba widać więcej niż zazwyczaj,
w górze tyle, co zwykle, na dole bonusy:
ogromne składy ciekłych, niebieskawych luster.
Dookoła, rozkuta z lodów, trwa strzępiasta
raz ubita, raz grząska, anarchia roztopów:
czubki drzew ponad wodą, migracje gryzoni,
bezładny pęd obłoków. W lasach resztki śniegu
bieleją jak odpady z przetwórstwa pór roku.

Dopiero most i rzeka kładą tamę temu
bezhołowiu: jest północ i południe, upływ,
cieki, akweny, dukty. Droga, która wiedzie,
i miasta, które łączy, i ludzie po miastach.

To, że jesteśmy razem, jest częścią porządku.
Jak rytm drzew na poboczach, regularność ulic,
kierunki, kwadry, pływy, mój sztywny kołnierzyk,
twoje obcisłe swetry, moja lewa, twoja
prawa poduszka. Związek: to, co trzyma razem
dwa atomy wodoru, jeden atom tlenu.

Pociąg, Gdańsk-Warszawa, 30 III 2005

[78]

Thaw

for P.T.

Everything's melting. The sky looks bigger now—
up high, same old hue; low, an added bonus:
panorama of liquid, bluish mirrors.
All around, unshackled by cold, the thaw's rough
anarchy leaves frothy mounds and streaks of slush:
tree tops barely above water, rodents on the move,
jumbled clouds rushing. In the woods, dribs of snow
stand out: droppings of some seasonal monster.

Only bridge and river rein in that chaos:
they separate north and south, current and banks,
channels and vistas; the road that meanders,
the cities that join us, the people within.

That we're together is part of this order,
like the thrum of roadside trees, the streets' neat grid,
the four winds, trim city squares, or lunar tides;
my starched collar, your snug sweater, my left, your
right pillow. This union: how it bonds us like
two hydrogen atoms with one oxygen.

Train, Gdańsk-Warsaw, 30 March 2005

www.gaydar.pl

I

Po trzech latach udanej miłości logować
się tutaj – co za afront. Dla jednych: gagatek
w ślubnym wdzianku (Armani, Gucci, Kielman, Patek),
z portfelem pełnym szczęścia, wchodzący na stypę
u biedaków; dla drugich – jakiś brzydal (sprzątacz,
akwizytor, listonosz), który przez pomyłkę

staje w progu i patrzy ze znudzoną miną
na zajefajną orgię. Więc staję i patrzę,
na jednych i na drugich: tych z tłumionym płaczem
i rozmazanym tuszem, co raz i na wieki,
i tych, którzy przyjadą, przelecą, zawiną
się z powrotem (śnieg, plecak, na plecaku rekin).

II

Parada ciał. Jak wszędzie. Owłosione brzuchy,
i umięśnione plecy po solarium. Chude
klatki licealistów. *Niepijący student.*
Kolo z Lidzbarka czeka na swojego księcia.
Wyniucham twoje soxy – fotka, na niej gruby
blondynek w okularkach. A każdy do wzięcia.

www.gaydar.pl

I

After three years happily partnered, to log in here—
what a putdown. To some, it's like a trust fund brat
in a wedding tux (Armani, Gucci, Prada, Patek),
his wallet packed with bliss, crashing a funeral feast
for beggars. And to others, a dork (mail carrier,
janitor, salesman), who by mistake breezed

through the door and, bored, gazes upon
a ginormous orgy. So I stop and stare
at those holding back tears, their mascara
smeared like silent film stars', and those
who flit by, come, and zip back up again
before heading out (snow, packs with shark logos).

II

Parade of bodies. Same as everywhere. Hairy bellies
and buff shoulders fresh from the tanning bed.
The skinny ribs and abs of college boys.
*Nondrinker, student. Nick from Lidzbark is waiting
for his prince. I'll sniff your sox*—photo spread
of a fat blond guy in glasses. Each for the taking.

A pod tym wszystkim płynie jak podziemna rzeka
sekwencja wnętrz: firany z fabrycznej koronki,
narzuty na fotelach, tapetowe wzorki,
na prawo od erekcji plakat z Annie Lennox,
na lewo – złoty puchar za zdobycie miejsca.
Lubię: seks tradycyjny, uległość, piss, przemoc.

A rzeka płynie głębiej i rozpuszcza less,
przecieka przez profile i reguły gry,
i szemrze, że są ludzie, ich domy i psy

i że nic nie wynika z tego, że jest brzuch,
firana, gg, email. Bo pod wszystkim jest
inna rzeka, najgłębsza, i płynie bez słów.

Warszawa, 13 VII 2006

Beneath it all, like an underground river,
this flow of rooms: drapes of synthetic lace,
cheap throws on armchairs, wallpaper patterns;
to the right of a hard-on, a poster of Annie Lennox,
to the left, a trophy for winning first place.
I like: bondage, piss, submissives, traditional sex.

And the river courses deeper, dissolving the silt,
seeps through profiles and rules of the game.
It murmurs: these are people, their dogs and homes,
and none of it matters—the paunch, the throws,
Twitter, email. Because beneath it all flows
another river, wordless, and deeper still.

Warsaw, 13 July 2006

Szczęście

dla P. T.

*W przyszłym tygodniu masz urodziny
za rok pewnie
już cię nie będzie.*

M. Roberts, „Lacrimae rerum"

[84]

Być tą brzydką Angielką – chudą, podstarzałą,
niezbyt dobrą poetką; mieszkać w letnim domu
ze stygnącym mężczyzną (serce czy rak nerek –
przyczyny nieistotne). Wnosić mu po schodach
(wąskich, zawilgłych schodach) tacę ze śniadaniem
i siebie. Pisać: *W przyszłym
                          tygodniu* – bzyk muchy –
– *masz urodziny* – znowu – *za rok pewnie* – krzyczy
z bólu – *już cię nie będzie*. Iść do niego. Głaskać.
Leżeć z nim w wannie, płacząc. Patrzeć, teatralnie
ale przecież prawdziwie, przez okno na drzewa.
Mieć za sobą te lata, te listy, te flamy,
znać numer kołnierzyka, buta, obwód głowy.
Nie umieć się obejrzeć za innym mężczyzną.
Używać tamtych zwrotów, pieszczotliwych imion.
I udawać, że wcale nie jest gorszy w łóżku,
mając w pamięci tyle miejsc, razów, sposobów:
w hamaku, w soku z jagód, w pociągu pędzącym
z Wenecji do Nicei, na biurku wydawcy,

Happiness

for P.T.

It's your birthday next week.
This time next year
I think you'll be gone.

—Michèle Roberts, "Lacrimae Rerum"

To be that homely Englishwoman—scrawny, aging,
not a very good poet; to live in a summer house
with a man who's dying (weak heart or kidney cancer—
the cause doesn't matter). To carry his tray up
the stairs (those narrow, musty stairs) with breakfast
and yourself. To write: *It's your birthday*
                                        —a fly buzzes—
next week. More buzzing. *This time next year*—he moans
in pain—*I think you'll be gone.* Go to him and hold him.
Lie in the tub with him, crying. Gaze out the window,
dramatic but still heartfelt, at the trees. To have
those years behind you, those letters, those lovers,
to know his shoe size, collar size, width of his hatband.
To not be able to look at another man.
To indulge in all those familiar phrases, pet names.
And to pretend he's still just as good in bed,
remembering so many places, times, positions:
in the hammock, stained with blueberry juice, in the train
speeding from Venice to Nice, on your publisher's desk,

w bocznej salce muzeum. Przyjmować wizyty
przyjaciół i lekarzy. Kręcić kogel-mogel.
Nie móc udawać dalej i dalej udawać.

Lecz nade wszystko wiedzieć, że wszystko, co było
nie mogło, nie powinno być inaczej, z innym,
gdzie indziej, kiedy indziej – to właśnie jest szczęście.

Widziałeś całość. Teraz odchodzisz, powoli
skubiąc liście z gałęzi. Ktoś zasłania lustro,
ktoś dzwoni, ktoś rozmawia. Taca. Wanna. Łóżko.

Warszawa, 7 III 2004

in the side room of a museum. To usher in
close friends and doctors. To whip up home remedies. To feel
you can't pretend much longer yet go on pretending.

But in the end, to realize that each shared moment
should not, could not have been otherwise, with anyone else,
at another place or time—and this is happiness.

You witnessed all of it. Now you slowly walk away,
plucking leaves from a branch. Someone covers the mirror,
someone calls, someone's talking. The tray. The tub. The bed.   [87]

Warsaw, 7 March 2004

Nurt

dla P.T.

Nie dałeś mi nic poznać; poszedłeś do wanny.
Dopiero z niej, zza ściany – bo we śnie ta sama
była ściana, ta sama była w nim łazienka –
słyszałem ten głęboki, ten szarpiący płacz.

Aż się z tego zbudziłem – i zbudziłem ciebie,
że tak mi się przyśniło. I że będzie dobrze.
Zasnąłeś. Ja – myślałem wciąż o tamtym tobie
że pozostał za ścianą, zanurzony w czerń.

I, wciąż leżąc, stanąłem ponad nurtem snu,
i w ten sen się rzuciłem, żeby go ratować.

Warszawa, 30 V 2011

Current

for P.T.

You didn't let on a thing, just went to the tub.
Only from beyond the wall—for the dream bedroom
and bath were laid out as they are in real life—
did I hear your tears, wrenching and deep.

So much they woke me up—and I woke you
to tell you what I dreamed. And all would be well.
You fell back asleep. But I couldn't stop thinking
of that other you, submerged beyond the wall.

Still lying there, I stood against the dream's current
and into that dream I flung myself to rescue him.

Warsaw, 30 May 2011

[89]

* * *

dla P. T.

Ogień jest ogniem, chociaż popiół go przysłoni,
Święte mury miłosnej nie stłumią pożogi.
P. Ronsard, tł. M. Wroncka

Jeśli nieszczęśliwa miłość kończy się
        oblaniem rozpuszczalnikiem i samospaleniem
        na jednej z ulic Drezdenka (Lubuskie),
to czym się kończy miłość
szczęśliwa?

Co szczęśliwa miłość ugasi,
nieugaszalną,
trzaskającą w mroku,
to bryzgającą iskrami, to syczącą,
nieustępliwą, wchodzącą po schodach,
skaczącą po dachu od krokwi do krokwi,
rzucającą blask i ciepło –
co ugasi?

Dorzuć do niej stół i łóżko, dorzuć do niej krzesła, parkiet,
wszystkie książki i papiery wrzuć w miłość szczęśliwą.

Patrz, jak idą ku niej mieszkańcy Drezdenka (Lubuskie),
jak grzeją ręce, kochany.

[90]

Warszawa, 17 X 2011

* * *

for P.T.

Even when veiled by embers, fire remains fire,
Love's sacred walls will not snuff out this pyre.
                        P. Ronsard

If unhappy love ends
                    with a splash of mineral spirits and setting oneself ablaze
                    on a street in Bellows Falls (New Hampshire)   [91]
then how does happy
          love end?

          What will extinguish a happy love,
          unquenchable,
          crackling in the dark,
          scattering sparks and scorching,
          flying up the stairs, unflagging,
          leaping about the roof from rafter to rafter,
          throwing out light and warmth—
          what will extinguish it?

Toss bed and table into it, throw in a chair, the parquet floor,
all books and papers into that happy love.

Watch as the people of Bellows Falls walk toward it,
how they warm their hands on it, love.

Warsaw, 17 October 2011

Notes

"June. July."
The novelist Bruno Schulz worked as a drafting teacher in a secondary school before World War II. This poem, which imagines him on the brink of that apocalypse, is for fellow poet and prose writer Radosław Kobierski.

"*Hör ich das Liedchen klingen*"
This poem's title is taken from a song in a cycle by Robert Schumann, inspired by the German Romantic poet Heinrich Heine. The German poem, one of longing and memory, forms the backdrop for Dehnel's more ironic, but still ardent poem.

"Urartu"
This poem speaks to the theme of the transmissibility of the past by looking at traces from the ancient Eurasian kingdom of Urartu, which came to power in the ninth century BCE in the Armenian highlands.

"Space Oddity"
This poem was composed just after the death of David Bowie.

"If unhappy love ends . . ."
The epigraph is from Pierre Ronsard's *Sonnets Pour Helène*, No. XXXVI. The careful reader will note my substitution of an American place name for a Polish one at Dehnel's suggestion.

In the Polish original, the town of Drezdenko—a little known place whose name resembles the city of Dresden, firebombed by the Allies during World War II—lies in the northwestern part of the country. A Google search indicates that Americans rarely commit self-immolation out of love gone wrong, but mostly in political protest. However, I did find a case in New England, and so I chose a different small town with a fiery name suggesting a blacksmith's shop. My apologies to the people of Bellows Falls.

Acknowledgments

I would like to acknowledge with gratitude the journals in which some of these poems appeared:

Beloit Poetry Journal: "Thaw," "Train Corridor, Late Fall"

Hayden's Ferry Review: "Sebastiano del Piombo, *The Raising of Lazarus*" and "Fable of the Parsley Dealer"

Inventory: "Aperture," "Mold (Warsaw Central Station)"

Modern Poetry in Translation: "Posterity"

Plume: "Pheasant"

Trafika Europe: "*Hör ich das Liedchen klingen,* "Space Oddity," and "Thaw"

Two Lines: "Matzevot," "Symmetry," "Unearthing a Statue of Antinous in Delphi, 1894," and "Urartu"

I am also grateful to the editors of the anthology *Free Over Blood* (London: OFF Press, 2011) for publishing "Albert Watson, *Golden Boy (New York, 1990),*" "Cherries," and "www.gaydar.pl."

Jacek Dehnel, Ewa Hryniewicz-Yarbrough, Jim Powell, and Ania Spyra offered generous comments on a number of these translations.

Special thanks, as well, to Dehnel's Polish publishers of the four collections in which the originals first appeared:

Żywoty równoległe [Parallel Lives]. Zielona Sowa, 2004.

Brzytwa okamgnienia [A Razor-Sharp Glance]. Biuro Literackie, 2007.

Ekran kontrolny [Control Screen]. Biuro Literackie, 2009.

Języki obce [Foreign Languages]. Biuro Literackie, 2013.

And, lastly, I would like to thank the Polish Book Institute for a 2014 grant that gave me the time to complete a number of the translations in this book.

Jacek Dehnel is a poet, writer, translator and painter who was born in Gdańsk, Poland in 1980. The winner of the 2005 Kościelski Foundation Award and the 2006 Polityka Passport Award, he has published nine volumes of poetry and more than a dozen works of prose. Also available in English are Dehnel's novels *Saturn* (Dedalus, 2012) and *Lala* (Oneworld, 2018), both translated by Antonia Lloyd-Jones, and *Six Polish Poets,* an anthology he edited for Arc (2009). Dehnel is also the translator of works by W. H. Auden, F. Scott Fitzgerald, Henry James, and Philip Larkin, among others, into Polish.

Karen Kovacik is an award-winning poet and translator of contemporary Polish poetry. Her translation of Agnieszka Kuciak's *Distant Lands: An Anthology of Poets Who Don't Exist* was long-listed for the 2014 National Translation Award, and she edited and selected the poems in *Scattering the Dark: An Anthology of Polish Women Poets* (both books published by White Pine Press). She is also the author of several books of poetry, including *Metropolis Burning*. She teaches creative writing and American poetry at Indiana University—Purdue University Indianapolis, and was the poet laureate of Indiana from 2012 to 2014.